WAS DIE BIBEL UNS ZU SAGEN HAT

RICHARD
ROHR

WAS DIE BIBEL UNS ZU SAGEN HAT

Aus dem Amerikanischen übersetzt
von Andreas Ebert

claudius

Titel der amerikanischen Originalausgabe:
What Do We Do with the Bible?

CAC Publishing, Center for Action and Contemplation,
PO Box 12464, Albuquerque, New Mexico 87195, USA, cac.org

MIX
Papier aus verantwortungsvollen Quellen
FSC® C083411
www.fsc.org

Mehr Bäume
Weniger CO_2
www.cpi-print.de/umwelt

www.claudius.de

Umschlaggestaltung: Weiss Werkstatt, München
Layout: Mario Moths, Marl
Gesetzt aus der Palatino und Frutiger
Foto S. 47: © Andreas Praefcke/Wikipedia
Druck: CPI – Clausen & Bosse, Leck

ISBN 978-3-532-62843-0

Inhalt

EINFÜHRUNG

Trotz all ihrer Inspirationskraft, trotz all ihrer wundervollen Aussprüche und trotz all der Menschenleben, die sie nachhaltig geprägt und verändert hat, stellt die Bibel für viele Menschen nach wie vor ein großes Problem dar. Wenn man sie ich-süchtigen, lieblosen oder machtbesessenen Zeitgenossen ausliefert oder Leuten, die niemals wirklich gelernt haben, mit spirituell inspirierter Literatur sachgerecht umzugehen, endet das fast immer in einem Desaster. Die bisherige Geschichte hat das viele Jahrhunderte lang bewiesen, sodass diese Behauptung durchaus nicht an den Haaren herbeigezogen, respektlos oder von Vorurteilen geleitet ist. Ketzerverbrennungen, Kreuzzüge, Sklaverei, Apartheid und die Verachtung und Unterdrückung von indigenen Völkern wurden allesamt mit ausgewählten Bibelstellen gerechtfertigt.

Damit von Anfang an klar ist, worauf ich hinauswill: *Es geht mir darum, unsere Sichtweise zu verändern – und nicht den Text.* Nur *transformierten* Menschen kann man *inspirierte* Schriften anvertrauen. Nur sie werden sich auf eine *symbiotische* („gemeinsam erlebte") Beziehung zu Texten und Geschichten einlassen. Nur sie werden die Bibel vermutlich nicht als Herrschaftswissen, als Waffe oder als Rechtfertigung für übles Verhalten missbrauchen, das im Gewand der „Vernunft" daherkommt. Wenn man hingegen in einer betenden Haltung und im echten Dialog mit fast allen beliebigen geistlichen Texten – sogar mit problematischen – verweilt, wird sich das fast immer als fruchtbar erweisen.

Es besteht kein Zweifel, dass die Bibel auch künftig die maßgebliche Quelle für Christen und Juden sein und bleiben wird und muss, auch wenn beide Gruppen im Laufe der Geschichte immer wieder versucht haben, dieses wilde Raubtier auf die eine oder andere Weise zu domestizieren, normalerweise ohne selbst völlig zu begreifen, was sie auf diese Weise angerichtet haben. Katholiken irritierten die vielen Probleme ungemein, die die Bibel insbesondere in Gesellschaften aufwarf, die des Lesens und Schreibens unkundig waren. Deswegen haben sie jahrhundertelang die Bibellektüre letztlich völlig vermieden. (Man muss zugeben, dass das einfach war, weil es noch keine Druckerpresse gab.) Katholische und orthodoxe Christen haben schlussendlich *de facto* so getan, als müsse man ein theologisches Diplom ihrer spezifischen Tradition besitzen, um das Wort Gottes richtig verstehen zu können. Unser gesunder christlicher Menschenverstand sagt uns freilich, dass das ja so nicht stimmen kann. Der Zugang zu Gott kann sich nicht von oben nach unten erschließen. Paradoxerweise sind es ja die Autoren des wahrhaftig *subversiven* Bibeltextes selbst, die fast immer dem sozialen Bodensatz, gesellschaftlichen Randgruppen, Außenseitern und der Schar der Unterdrückten, den Vorzug geben, angefangen beim versklavten Volk Israel. In Exodus (2. Mose) 14,25 heißt es: „Jahwe kämpfte auf ihrer Seite und gegen die Ägypter." Wir haben es offenbar mit einem eindeutig parteiischen Gott zu tun.

Schon früh entwickelten unsere jüdischen Vorfahren Auslegungstraditionen wie den *Midrasch,* einen Versuch, für jeden biblischen Text verschiedene geistliche Bedeutungsebenen herauszuschälen, und sie schufen daneben den *Talmud* (*Mischna und Gemara*). Er versuchte, historisch bedeutsame Auslegungskommentare zur Verfügung zu stellen.[1] Das bewirkte eine gewisse Demokratisierung des Bibelstudiums und empfahl die heiligen Schriften der gemeinsamen Lektüre von ganz normalen Gläubigen und nicht nur abgehobenen Akademikern.

---

1 Anmerkung des Übersetzers: „Midrasch" leitet sich vom hebräischen Verb *darash* ab, das „suchen" bedeutet („Gott suchen", „Gottes Antwort suchen"). Es geht um eine Form der Auslegung, die biblische Aussagen auf jeweils aktuelle Fragestellungen anwendet. Midrasch bezeichnet aber auch das Studium der Bibel insgesamt und umfasst ferner Schriftwerke, die Sammlungen von Bibelauslegungen enthalten. Ein *bet midrasch* („Lehrhaus") findet sich erstmals in Sirach 51,23. Der „Talmud" (Belehrung) hat zwei Teile, die Mischna und die Gemara. Er dokumentiert, wie die Regeln der Torah in der Praxis und im Alltag von den Rabbinern verstanden und ausgelegt wurden. Dabei stehen nicht selten unterschiedliche und sogar gegensätzliche und widersprüchliche Auslegungen nebeneinander, ohne dass irgendeine lehramtliche Instanz entscheidet, wer „recht" hat.

Das ähnelte dem, wie viele lateinamerikanische Theologen unter dem Einfluss der Befreiungstheologie gegen Ende des 20. Jahrhunderts vorgingen und was sie „Basisgemeinden" nannten.[2] Das Papsttum hatte die verbindliche Schriftauslegung ausschließlich in die Hände des römischen Lehramts, der Bischöfe und der Priester gelegt und so eine äußerst verengte Sichtweise zementiert. Das war vermutlich unvermeidlich, weil der größte Teil Europas noch nicht alphabetisiert war und die „göttliche Legitimation" von Königen und anderen Autoritätsfiguren weitgehend fraglos hinnahm. Und es verhinderte gleichzeitig, dass die Bibel für einfache Christenmenschen ihre kritische Funktion als „Sauerteig" wahrnehmen konnte.

---

2 Anmerkung des Übersetzers: Die „Theologie der Befreiung" verstand sich als Stimme der Armen. Aus der Situation marginalisierter Bevölkerungsteile heraus interpretierte sie die Bibel als Impuls für eine radikale Gesellschaftskritik. „Basisgemeinde" ist der gebräuchliche deutsche Begriff für kleine befreiungstheologisch orientierte christliche Gemeinschaften, die oft priesterlos waren und sich seit den späten 50er-Jahren in Lateinamerika, insbesondere in Brasilien, gebildet haben. Sie wurden unter Johannes Paul II. und seinem Glaubenswächter Kardinal Ratzinger, dem späteren Papst Benedikt XVI., erst kritisch beäugt und später massiv unterdrückt.

Es sicherte darüber hinaus dem Klerus eine falsche Machtfülle – obwohl die Kleriker ihrerseits häufig wenig Ahnung von der Schrift hatten.

Den meisten Christen der nachreformatorischen Zeit ist nicht bewusst, dass bereits die frühen christlichen Jahrhunderte aufgrund maßgeblicher Lehrer wie *Origenes, Kyrill von Alexandrien, Augustinus* und *Gregor dem Großen* bis zu *sieben* Bedeutungsebenen der Heiligen Schrift gekannt und praktiziert haben: die *buchstäbliche,* die *historische,* die *allegorische,* die *ethisch-moralische,* die *symbolische,* die *eschatologische* (das heißt, die zukunfts- und wachstumsorientierte) und die *primordiale* oder *archetypische* (allgemein als „Symbolismus" verstanden). Gerade der letzten Ebene eines Textes wurde von den Gelehrten häufig großes Gewicht beigemessen. Diese Ebenen wurden von gewöhnlichen Christinnen und Christen durch die sonntäglichen Predigten nach und nach internalisiert (was bis heute gilt) und von den Hörerinnen und Hörern als normativ aufgefasst.

Die verschiedenen Sinnschichten wurden mitunter mit den menschlichen Sinneswahrnehmungen des Hörens, Sehens, Schmeckens,

Riechens und Berührens verglichen, die ja fünf klar unterscheidbare Weisen sind, ein und dasselbe zu erkennen, aber eben in verschiedenen „Sprachen". Nach der Reformation und der Aufklärung allerdings haben wir die Erkenntniswege praktisch auf einen einzigen – den angeblich rationalen/wörtlichen/historischen – reduziert und die Bibel jahrhundertelang weitgehend in diese eine Bedeutungskategorie gepresst und auf sie begrenzt. Das betrifft, wenn auch jeweils unterschiedlich akzentuiert, sowohl den Katholizismus als auch den Protestantismus. Die Bandbreite unserer Zugänge zur Bibel wurde, wie mir scheint, in der Folge immer mehr reduziert – und zwar, wie viele sagen würden, auf die spirituell am wenigsten hilfreiche Ebene: Die Behauptung, dass irgendetwas zu einem bestimmten Zeitpunkt angeblich *buchstäblich* passiert ist, überträgt diese Erfahrung nicht automatisch ins Heute, auf *mich*, auf *uns*. (Ich glaube, die Absicht jedes spirituellen Textes ist eindeutig eine solche Transformation – oder es handelt sich nicht um einen spirituellen oder wenigstens spirituell bereichernden Text. So etwas wäre ausschließlich toter Ballast.)

Solch ein enggeführter Ansatz führt in der Regel zu einer antiquierten Institution, die lieber Rückschau hält, anstatt nach vorn zu blicken. Nach meiner Erfahrung entsteht so leichter eine *transaktionale* Religion[3] als eine *transformative* Spiritualität. Diese beschränkte Sichtweise idealisiert und belohnt eher individuelle Anpassung und Gruppenzugehörigkeit als Liebe, Dienst an anderen oder eine tatsächliche Veränderung des Herzens.

Der Buchstabenglaube wird im Neuen Testament von Anfang an ad absurdum geführt, indem man *vier* Evangelienberichte desselben Jesusereignisses in den Kanon aufgenommen hat, die an kaum einer Stelle eins zu eins übereinstimmen. Welches Evangelium wäre dann das „irrtumslose"?

Um dieses Thema geht es in der Bibel sogar schon früher. Die ersten fünf Bücher der Bi-

---

3 Anmerkung des Übersetzers: Richard Rohr versteht ähnlich wie andere US-amerikanische Theologen „transaktionale Religion" als ein Glaubenssystem, bei dem es letztlich um die Übertragung (Transaktion) von Lohn und Strafe, von Gewinnen und Verlieren, von Deals und Profiten geht – also um die religiöse Variante des kapitalistischen Denkens.

bel – die den Pentateuch ausmachen – wurden von den meisten Gelehrten für eine Kompilation von mindestens vier klar unterscheidbaren Quellen gehalten. Man nannte diese vier Quellen gewöhnlich *Jahwist, Elohist, Deuteronomist* und *Priesterschrift*.[4] Der Pentateuch (die Thora) beinhaltet häufig Wiederholungen, die sich stilistisch unterscheiden, und enthält zahlreiche offenkundige Widersprüche, die uns geradezu zu der Erkenntnis zwingen, dass die Texte von unterschiedlichen Autoren stammen, unterschiedlichen Primärquellen entstammen und in ganz unterschiedlichen Perioden der jüdischen Geschichte verfasst wurden. Welche von ihnen ist die „inspirierteste"? Welche von ihnen ist „richtig"?

Die frühen Jahrhunderte der Christenheit waren natürlich der *transrationalen* Welt Jesu

---

4 Anmerkung des Übersetzers: Die lange Zeit geradezu normative Vier-Quellen-Theorie ist zwar inzwischen umstritten, was besonders einige ihrer Details betrifft. Unbestritten ist, dass sich der Pentateuch *aus unterschiedlichen Quellen* speist, auch wenn man sie heute nicht mehr so strikt definiert und voneinander scheidet wie bis in die 70er-Jahre des 20. Jahrhunderts hinein. Sehr erhellend ist der Artikel *Pentateuchforschung* auf der Website www.bibelwissenschaft.de

und seines Lehrstils als Geschichtenerzähler noch wesentlich näher (was sich in der dogmatischen oder systematischen Theologie konzeptionell nicht darstellen lässt). Das Evangelium sagt: „Er sprach niemals zu ihnen – es sei denn in Gleichnissen“ (Matthäus 13,34). Jesus bevorzugte, wie es scheint, die indirekte, bildhafte und symbolische Ebene einer Geschichte oder Parabel, wenn er spirituelle Zusammenhänge vermittelte. Ein protestantischer Gelehrter geht sogar so weit zu behaupten, dass Jesu Umgang mit der Heiligen Schrift „andeutend, umschreibend und – soweit sich das feststellen lässt – eklektisch“ sei. Erstaunlich![5]

Mit anderen Worten: Jesus trifft aus seiner eigenen Heiligen Schrift eine Auswahl und seine Auslegungen folgen normalerweise nicht eins zu eins dem geschriebenen Buchstaben, was ich weiter unten ausführen werde. Nachdem wir im Zusammenhang mit Sprache insbesondere im Gefolge der Aufklärung diese Art von Demut

---

5 Craig A. Evans, "The Scriptures of Jesus and His Earliest Followers", in: Lee Martin McDonald und James A. Sanders (Hg.): *The Canon Debate: On The Origins and Formation of the Bible,* Peabody, MA 2002, S. 191

und Kreativität verloren haben, lassen wir diesen indirekten Lehrstil Jesu nicht mehr zu und nehmen ihn nicht einmal mehr wahr, obwohl er durchweg ziemlich offenkundig ist. (Bist du wirklich ein Schaf, ein Ziegenbock oder Teil einer Herde? Ist das Reich Gottes tatsächlich ein Senfkorn?) Wir haben die Wirklichkeit, wie sie unmittelbar vor unseren Augen liegt, mit symbolischen Behauptungen *über* diese Wirklichkeit verwechselt, was uns eine gewisse Distanz ermöglicht und gleichzeitig unmittelbare Erfahrung blockiert.

Ich glaube, das hat zum postmodernen Aufbegehren gegen Religion im Allgemeinen und Bibelzitate im Besondern geführt. Außerdem haben sich inzwischen immer mehr Menschen die Hauptwerke der Literatur erarbeitet und dabei gelernt, wie Schreiben funktioniert! Sie haben den Unterschied zwischen Dichtung, Prosa, Roman, Geschichtsschreibung, Kommentar, Journalismus, Fiktion und Sachbuch begriffen. Sie haben dabei unter anderem entdeckt, dass sogenannte historische Romane nicht frei erfunden, sondern tatsächlich in der Geschichte verwurzelt sind, und dass sogar Sachbücher viele *unterschiedliche* Arten umfassen, die Wahrheit darzustellen.

Die meisten Nicht-Schreiber (und ungebildeten Leser) haben nicht begriffen, dass man „die ganze Wahrheit sagen muss, aber mit einer gewissen Schlagseite", wie Emily Dickinson empfohlen hat[6], nämlich so, dass das *ihr innewohnende Geheimnis und die sie bewegende Natur* bewahrt bleiben. Wir aber haben inzwischen weitgehend die Fähigkeit verloren, tiefe Wahrheiten spirituell auszudrücken. Man lese dazu den *Sermo Sapientiae,* die „Weisheitspredigt" des Apostels Paulus in 1. Korinther 1,17–2,16, wo er behauptet, Gläubige hätten einen Erkenntnisweg, der darin besteht, *einen Text betend und kontemplativ wahrzunehmen,* anstatt ihn als dualistische Munition zu benutzen, um unsere Meinungen zu verteidigen oder andere zu attackieren.

---

6 Anmerkung des Übersetzers: *Emily Elizabeth Dickinson* (1830–1886), US-amerikanische Dichterin. Ihre Gedichte wurden erst posthum veröffentlicht und waren ihrer Zeit in vielem weit voraus. Ihre bevorzugten Themen sind Natur, Liebe, Tod und Todeserwartung, Unsterblichkeit und die Transzendenz des Zeitlichen. Christus wird in Dickinsons Gedichten vielfach als „transzendenzbezogenes Symbol" einer völlig anderen Wirklichkeit zugeordnet.

Mir gefällt Parker J. Palmers jüngste Definition von Kontemplation als „jede Möglichkeit, die jemand hat, um die Selbsttäuschung zu durchschauen und mit der Wahrheit in Berührung zu kommen".[7] Stattdessen jedoch haben wir gierig vom dualistischen „Baum der Erkenntnis des Guten und Bösen" gegessen – obwohl uns eines der ersten Kapitel der Bibel eindringlich ermahnt, die Finger davon zu lassen, weil wir sonst „des Todes sterben" würden (1. Mose/Genesis 2,17). Unsere Bereitschaft und Fähigkeit, unsere persönlichen und gesellschaftlichen Illusionen durch heilige Texte entlarven zu lassen, ist seither mehr und mehr zusammengeschrumpft. Unsere jüngste Geschichte der Legitimation von Sklaverei, Apartheid, absurdem Reichtum und ökonomischer Ungleichheit, von Folter und ungebremstem Kapitalismus lässt darauf schließen, dass wir die Bibel meistens dazu benutzt haben, unsere Illusionen zu päppeln und Macht zu erlangen oder aufrechtzuerhalten.

Eine nicht-kontemplative Bibellektüre lässt

---

7 Parker J. Palmer, *On the Brink of Everything: Grace, Gravity, and Getting Old*, Oakland, CA 2018, S. 57

uns nicht auf Tuchfühlung mit der Realität kommen, sondern produziert stattdessen egoistische und gruppenegoistische Ideologien – anstatt „die Täuschung zu entlarven", wie es Palmer ausdrückt. Der kontemplative Geist hingegen setzt eine gewisse Nicht-Identifikation mit dem eigenen Ego voraus, was Jesus „sich selbst verlieren" nennt – um das *Wahre Selbst* zu finden.[8] Weisheit findet man ausschließlich *durch das nicht-dominierende Selbst*, indem man die Wirklichkeit von „Zentrum zu Zentrum" und von „Subjekt zu Subjekt" erkennt, und niemals von einem *dominierenden Subjekt* zu einem *dominierten Objekt*, was die abendländische Art und Weise ist, Dinge wahrzunehmen.

Paulus hat uns nicht zuletzt durch seinen Umgang mit archetypischen Bedeutungsschichten und Typologien auf den Pfad einer *alternativen Intelligenz* geführt, was er mehrfach direkt anspricht (siehe Römer 5,14 und 1. Korinther 10,6. Der Verfasser des Hebräerbriefes tut dies durchgehend in seiner gesamten Schrift und

---

8 Ausführlicher dazu Rohr, Richard, *Werde, der du wirklich bist*, Freiburg 2017 (Immortal Diamond: The Search for Our True Self, San Francisco 2013)

ebenso verfährt der Autor der Offenbarung des Johannes). Hier wird alles als Zeichen, Typus oder Symbol für etwas anderes gedeutet, was sicherlich die Gefahr der Zusammenhanglosigkeit oder gar der Irrelevanz in sich birgt (wie es viele vor allem bei der Lektüre der Offenbarung erleben). Nichtsdestotrotz war der voraufklärerische Geist viel risikofreudiger, gefühlvoller und kreativer („spiritueller"?), als es heutige Buchstabengläubige sind. Die Epochen vor der „Aufklärung" (etwa 1650–1800) verstanden etwas vom energetischen Feld des Symbols und der Metapher, die jede spirituelle Idee umkreisen und von mehreren Seiten betrachten. Fast alle Gleichnisse Jesu beginnen mit haargenau derselben Formulierung: „Das Reich Gottes ist *wie…*". Jesus ist sich vollkommen bewusst, dass er in Metaphern, Vergleichen, Geschichten und Symbolen redet. Wir gestehen ihm diese Freiheit in den letzten Jahrhunderten nicht mehr zu und verpassen oder vermeiden auf diese Weise seine wichtigsten Botschaften. Dadurch sind wir extrem verarmt.

Natürlich operiert der Geist bereits in unserer frühen Kindheit auf diese Weise, während Dichterinnen und Dichter und gute Romanciers auch später und zeitlebens dasselbe tun, um ihren Unterhalt zu bestreiten. Ich hoffe, dass ich in diesem Buch formulieren kann, wie wir lernen müssen, *spirituelle Dinge spirituell zu deuten*, und zwar *mit einer klaren und transparenten Methodologie und einem gewissen Maß an spirituellem Sachverstand.* Ansonsten werden wir von unserer jeweiligen Gesellschaft oder von ernsthaften Geistern und Suchern nicht mehr ernst genommen werden – und außerdem wird *es uns selbst an tiefer Überzeugung oder an dem mangeln, was ich innere Autorität nenne*. Menschen, die sich ausschließlich auf ihre *private und zugleich externe Autoritätsquelle* verlassen, sind unfähig, mit jemandem in Dialog zu treten, der oder die nicht von vorneherein dieselben Autoritäten und Quellen anerkennt. Über kurz oder lang verwenden wir die meiste Zeit darauf, das Medium anzupreisen (Bibel, Sakramente, Konfessionen, Weiheämter) und nie zur eigentlichen Botschaft vorzudringen. Das ist keineswegs eine Übertreibung, sondern tatsächlich ganz häufig der Fall.

Könnte das die geheime Ursache für die Unzahl von geistlosen und sich ständig wiederholenden Predigten sein? Sowohl die Prediger als auch ihr Publikum sind dazu verdammt, in sehr begrenzten Blasen von Leuten zu verkehren, die kulturell Gleichgesinnte sind. Ihr Jesus wird niemals zum „Retter der Welt" (vgl. Johannes 4,42), weil sie gar nicht fähig sind, mit irgendeiner anderen Welt zu kommunizieren als mit ihrer eigenen. Da scheint es eine heimliche Prämisse zu geben, die da lautet: „Du musst meiner heimlichen Prämisse zustimmen, bevor ich mit dir reden kann!" Solche Prediger und Lehrer verstehen nichts davon, wie sie „allen alles sein" können, was Paulus voller Sehnsucht für sich anstrebt (1. Korinther 9,19–23). Irgendwie vermochte es Paulus, ein *universaler* Bruder zu sein, genau wie Jesus, obwohl man ihn in der Regel nicht so gesehen hat. Ich würde gern, soweit ich kann, dazu beitragen, diese Wahrnehmung zu korrigieren.

Eine seriöse und aufrichtige Auslegungsmethode ist insbesondere für Prediger und Lehrer vonnöten, aber ebenso für alle, die auch mit Nicht-Gläubigen ernsthaft und glaubwürdig kommunizieren wollen. „Geht in alle Welt hinaus und verkündigt die gute Nachricht *allen*

Geschöpfen" (Markus 16,15), sagt der Auferstandene. Das impliziert ja wohl, dass man *auf andere zugeht und sie anspricht* und nicht von vorneherein darauf insistiert, dass andere mit unseren vorgefertigten Prämissen übereinstimmen, bevor wir überhaupt mit ihnen reden können. Wo haben wir je erlebt, dass solch erzwungener „Glaube" oder solche Art der Auslegung tatsächlich funktionieren? Wir können Dinge wie Glaube, Hoffnung und Liebe nicht anordnen. Wenn wir es versuchen, landen wir am Ende wie so oft in der Geschichte bei einer Zivilreligion mit wenig echter Spiritualität oder bei einer passiv-aggressiven schweigenden Nichtbeteiligung, was ich beispielsweise bei vielen unserer indigenen Volksstämme hier in New Mexico und bei vielen katholischen Sonntagsgemeinden wahrnehmen kann. Im Grunde genommen geht es darum: Wenn wir im Blick auf die eigene Religion nicht positiv *begeistert* sind, erfüllt sie für uns keinerlei sinnvolle Funktion. Man könnte sagen, dass solch positive Inspiration ihr eigentlicher Zweck ist.

HERMENEUTIK

Die Methode beziehungsweise das Muster, die jemand benutzt, um insbesondere religiöse Texte auszulegen, nennt man *Hermeneutik*. Das Wort leitet sich vom griechischen Verbum *hermēneúein* („erklären, übersetzen, verstehen“) ab. Wenn man lieber von einer bestimmten persönlichen Deutungsmethode spricht, ist das auch in Ordnung; aber wenn man klug vorgehen und auch ein gebildetes Publikum erreichen will, muss man die Karten offenlegen und die eigene Vorgehensweise (also die eigene *tatsächliche* Hermeneutik) im Vorfeld erklären. Die meisten Prediger und Predigerinnen tun das nicht, wobei eine Hörergemeinde, die an sie gewöhnt ist, die Hermeneutik eines Redners oder einer Rednerin nach und nach aufschnappt, wenn sie über einen längeren Zeitraum zugehört hat. Allerdings neigt solch ein Publikum dazu, die unausgesprochene Hermeneutik ihrer Geistlichen unbewusst für die Norm oder das Ideal zu halten. Irgendwann sucht man sich Lieblingsprediger, die dieselbe Gemengelage von Vorurteilen pflegen wie man selbst – ohne sie überhaupt als Vorurteile zu erkennen. Das gilt für Progressive wie für Konservative gleichermaßen.

Wenn du irgendeine Lehrfunktion hast, fährst du am besten *(auch für dich selbst!)*, wenn du deine eigene praktikable Hermeneutik entwickelst, sie dir vollständig *aneignest* und sie schließlich öffentlich vertrittst und begründest. Sonst werden die Menschen zu Recht schlussfolgern, dass es sich um nichts anderes handelt als um irgendeine Privatmeinung, um deine Vorurteile, um deine ausgeklügelten Ideen und deine kulturelle Prägung, die sich in deiner Verkündigung niederschlagen. Dann werden sie es leicht haben, dich nicht wirklich ernst zu nehmen. Du musst irgendwie fähig sein zu kommunizieren, dass „es nicht du bist, der das redet, sondern der Geist Gottes, der durch dich redet" (vgl. Matthäus 10,20). Das hat Jesus den ersten Missionaren versprochen. Ich hoffe, ich kann in diesem kleinen Buch einige hilfreiche Tipps dazu geben.

Wenn wir nicht aus dem uns allen gemeinsamen tiefen Brunnen des Heiligen Geistes schöpfen, weshalb sollte uns dann irgendwer zuhören oder uns vertrauen? Man würde uns ähnliche Fragen stellen, wie sie die Schriftgelehrten und Gesetzeslehrer häufig an Jesus gerichtet haben: „In welcher Vollmacht redest und handelst du ...?" (siehe Markus 11,28). Wir müssen bereit sein, unsere Auslegungsmethode auf irgendeine Weise offenzulegen, was jene Vorentscheidungen und Prämissen einschließt, die uns bewusst sind, oder wir sind letztlich unaufrichtig und gehen mit dem Text manipulativ um – ohne es selbst zu merken. Wenn wir jedoch klar auftreten, dann ist es Sache der Hörerinnen und Hörer, wenn sie unsere Botschaft ablehnen wollen.

Irgendwie müssen wir es schaffen, den Text als Autorität ernst zu nehmen (Glaube), ohne dieser Autorität zu gestatten, sich gesundem kritischen Sachverstand in den Weg zu stellen (Verstehen). Man erinnere sich, dass Jesus uns auffordert, Gott auch „mit unserem ganzen Verstand“ zu lieben (siehe Matthäus 22,37). Anselm von Canterbury (1033/4–1109) hat Theologie als „Glaube“ definiert, „der sich selbst verstehen will“ *(fides quaerens intellectum)*. Unsere Hermeneutik muss sowohl unseren Willen als auch unseren Intellekt einbeziehen. Bloße Anpassung an Vorgegebenes (Wille) oder bloße Vernunft (Verstehen) führen immer zu einem toten Glauben, der dem Menschen in seiner Ganzheit nicht gerecht wird. (Im Allgemeinen machen Leute, die sich konservativ nennen, den Glauben zu einer Sache des Willens/der Anpassung und Unterwerfung; und die, die sich progressiv nennen, machen den Glauben zu einer bloßen Angelegenheit ihrer subjektiven Vernunft/des Intellekts.)

Ich hoffe, dass ich hier einige Stützräder anbieten kann, die in sich stabil sind und den Realitätstest bestehen und die normalen wohlgesonnenen Zeitgenossinnen und Zeitgenossen „im Geist“ zugänglich sind, unabhängig davon, ob sie sich selbst als progressiv oder konservativ verstehen. Die hier angebotene „Wissenschaft der Interpretation“ sollte keine theologische oder akademische Vorbildung verlangen. Für Menschen, die „im Geist“ leben (nicht frömmelnd, aber *als ganze Person und insofern heilig*), muss einem geistlichen Text gestattet sein, *sowohl ihr individuelles Ego als auch ihr Gruppenego gleichzeitig zu trösten und kritisch zu hinterfragen*. Das ist schlicht und einfach die Art und Weise, wie geistig gesunde und wohlwollende Menschen reifen und lernen – wobei sie ständig mit dem eigenen Schatten ringen müssen.

Wenn ein Text vor allem das Schattenselbst anregt – indem er Reaktionen wie selbstgerechte Wut, Furcht, Exklusivität, Bestrafungsbedürfnisse, Überheblichkeit oder Abgrenzung „triggert“ –, gehe ich davon aus, dass er nicht dem Geist Gottes und dem gesunden christlichen Menschenverstand entspricht – sondern dem Gegenteil. Gute Schriftauslegung erfordert von Anfang an eine gewisse Hingabe, einen ursprünglichen und bereitwilligen Akt des Glaubens, der sich schließlich auch selbst verstehen muss *(fides quaerens intellectum)*, wenn wir den gesamten und reifen Menschen ansprechen wollen. Unsere Hermeneutik erfordert zunächst immer eine *positive* Grundhaltung (wir können normalerweise nicht mit Zynismus oder Skeptizismus einsteigen, auch wenn einige Heilige wie Paulus oder Augustinus tatsächlich so angefangen und sich von dort aus vorwärtsbewegt haben). Danach jedoch müssen wir auch ermutigt werden, mit unserem gebildeten Intellekt Fragen nach dem *Warum*, dem *Wie* und dem *Was* zu stellen – damit der Verstand geerdet wird und nicht an einer Art Galgenstrick in der Luft hängt. Gott sehnt sich nach einer Liebesgeschichte mit lebendigen Menschen und nicht nach einem Techtelmechtel mit Robotern.

DIE EWIGE TRADITION

Die meisten Lehrer östlicher Religionen benutzen den Begriff der „Linie", um zu unterstreichen, dass ihre Lehre nicht nur irgendeine Privatidee ist, sondern Teil einer autoritativen Tradition und Überlieferung. Offen und ausdrücklich stehen sie dazu, dass sie von einer nachvollziehbaren Weisheitstradition zehren, die größer ist als sie selbst und die viele die „Ewige Tradition" nennen. Das ähnelt sehr der

„ständigen Rechtsprechung" im juristischen Bereich, was bedeutet, dass frühere Gerichtsentscheidungen für künftige Beschlüsse herangezogen und mitbedacht werden müssen.

Wahrhaft weise Menschen wissen, dass sie ihr Wissen nicht einfach aus sich selbst schöpfen. Es entstammt einer größeren und tieferen Quelle, die auch einen kollektiven Charakter hat (einige Psychologen wie C. G. Jung sprechen vom kollektiven Unbewussten, Christen nennen es den Heiligen Geist). Die meisten Buddhisten sind diesbezüglich sehr klar und offen, während die meisten Christen sich vor allem auf die von ihnen jeweils vertretene Konfession berufen, was die Frage nicht wirklich beantwortet. Unsere tatsächlich operierende Hermeneutik ist tendenziell ein im Lauf der Zeit entstandenes Konstrukt – und zwar keins, das nur von jener Gruppe stammt, zu der wir gehören. Es ist eine Kombination aus unserer zeit- und gesellschaftsbedingten Gruppenideologie, aus unserem Bildungswissen und aus unseren erkennbaren persönlichen Vorurteilen.

So etwas wie eine unvoreingenommene Position ist ein Ding der Unmöglichkeit. Das ist die

Selbsttäuschung, die Martin Luther (1483–1546) übersehen hat, als er proklamierte: „*Sola Scriptura!*" („Allein die Heilige Schrift!"). Dasselbe gilt für Katholiken, die sich in der Regel auf ihre begrenzteren Lokaltraditionen stützten, die sie jedoch absolut gesetzt haben. Dabei wussten sie oft wenig über die Große Tradition, die unter anderem die ursprünglichen indigenen „heidnischen" Religionen, das Judentum und die Ostkirchen umfasst. Die Entwicklung in den orthodoxen Kirchen des Ostens haben wir nach dem Großen Schisma von 1054 im Abendland weitestgehend ignoriert. Das hat unsere Kirchen alles andere als „katholisch" (global, allumfassend) gemacht, sondern primär römisch und westeuropäisch, und war ein Freibrief für kleinkariertes dualistisches Denken. Wir müssen zugeben, dass wir alle unsere eigenen Filter und Linsen haben. Sie sind allerdings nur dann total „falsch", wenn sie von uns selbst nicht wahrgenommen werden. Darüber lohnt es sich nachzudenken!

Unsere eigene Hermeneutik entfalten

Ich selbst würde meine eigene Tradition oder Linie als die Ewige Tradition bezeichnen – und zwar im besonderen Licht der *gesamten* katholischen christlichen Tradition, die meines Erachtens auf einer *natürlichen* Religion basiert.[9] Das ist meine bleibende Quelle, mein ständiges Bestreben und ebenso mein Vorverständnis, zu dem ich stehe. Darüber hinaus ist meine theologische Ausrichtung tendenziell ein „Hang nach unten", so wie ich es von den Propheten, von Jesus, von Franz von Assisi, von Thérèse von Lisieux und von der Befreiungstheologie gelernt habe. Ich bin von diesem Vorurteil derart befangen, dass ich ein instinktives Misstrauen gegen jede Erleuchtungs-, Heiligkeits- oder Erlösungstheorie hege, die Menschen nicht zu Liebe und Parteinahme für die Marginalisierten, die Außenseiter, die Sünder und für die „Unwürdigen" führt, für

9 Ausführlich dazu siehe Rohr, Richard, *Alles trägt den einen Namen: Die Wiederentdeckung des universalen Christus*, Gütersloh 2019 (The Universal Christ: How a Forgotten Reality Can Change Everything We See, Hope For, and Believe, London 2019)

die Erde, auf der wir stehen und gehen, oder für diejenigen, die Jesus „die geringsten meiner Brüder und Schwestern" nennt (siehe Matthäus 25,31.46). Das korrigiert normalerweise jeden Versuch unsererseits, Spiritualität als arrogantes Überlegenheitsspiel oder elitäre Weltsicht zu missbrauchen. Wie wir die Verwundbaren und Machtlosen unter uns behandeln, das offenbart in der Regel die wirkliche und wahrhaftige Agenda jeder Person oder Gesellschaft.

Schließlich gehört zu meinem Persönlichkeitsmuster (im Guten wie im Schlechten) auch, dass ich dazu neige, viel zu ernst, zu eifernd und zu idealistisch zu sein, was mir durch mein Enneagramm-Muster „Eins" offenbart wurde. Diese automatisierte Sichtweise ist zugleich meine *beste* Art zu sehen, sobald ich sehr klar, fokussiert und entschieden auf das Gute ausgerichtet bin. Man muss erkennen, welch tiefgreifende und weitreichende Beschränkungen die eigenen Scheuklappen verursachen, und man muss zugleich den eigenen spezifischen Feldstecher wertschätzen! Man muss sich einfach erinnern, dass unsere Gabe die Kehrseite unserer „Sünde" ist, und dass unsere Sünde die gefährliche Seite unserer Gabe darstellt. Du musst *beides* akzeptieren und anerkennen, was dich immer sofort sowohl demütig als auch weise macht.[10]

All diese Filter zusammengenommen ergeben einen ziemlich präzisen Indikator, wie jede und jeder von uns persönlich die eigene Realität und jeden beliebigen Text deuten und interpretieren wird. Anschließend kannst du dich entscheiden, ob du zustimmst oder nicht, aber zumindest weißt du jetzt, *was* du akzeptierst oder ablehnst. Natürlich musst du auch die eigenen Prämissen und Neigungen erkennen, weil es sich dabei weitgehend um Annahmen handelt, deren Ursprünge verborgen und auch uns selbst oft kaum bewusst sind und die man als gegeben hinnimmt. Häufig kann uns ein guter geistlicher Begleiter oder Therapeut dabei helfen, uns mit den eigenen Schattenthemen zu konfrontieren. Mir beispielsweise begegnen die heftigsten Widerstände von außen, wenn ich es irgendwie wage, den Kapitalismus zu kritisieren (sogar mehr noch, als wenn ich etwas zu Themen

---

10 Richard Rohr und Andreas Ebert, *Das Enneagramm. Die neun Gesichter der Seele*, München 1988ff.

wie Rassismus oder Sexismus von mir gebe!). Dies scheint mir die Tiefe – und Verschleierung – einer extrem unhinterfragten US-amerikanischen Prämisse zu offenbaren. Wenn man so etwas nicht als unausgesprochene und unaussprechliche Voreingenommenheit erkennt, ist es am allerwirksamsten. Wir sagen dann, es sei im „Schattenbereich" verborgen.

Wenn man sich die eigenen Deutungsvoraussetzungen nicht bewusst macht und sie nicht mitteilt, wird man in der Lage sein, in jene Richtung zu argumentieren, die das Ego oder der herrschende Zeitgeist momentan für opportun halten. Die gängigste Position bei der Bibelauslegung ist natürlich die buchstäblich-geschichtliche – die ehrlich gesagt die am wenigsten hilfreiche und fruchtbarste ist. Sie erfordert weder Mut noch schöpferische Fantasie, sondern einzig und allein die endlosen und sinnfreien Argumente zum Thema: „Ist das wirklich genauso passiert?" oder: „Muss ich glauben, dass das auf exakt diese Weise geschehen ist?". Diese Fragen sind weitgehend *Zeitverschwendung, wenn es um innere Reifung und Entwicklung geht*. Wir haben einen Großteil der letzten Jahrhunderte an solch unnütze Themen verplempert und uns um ihretwillen sogar gehasst und gespalten. Unsere Angst davor, auf einem rutschigen Abhang auszugleiten, scheint selbst der *eigentlich* rutschige Abhang zu sein.

ZUSÄTZLICHE LINSEN NUTZEN

Und dennoch: Ist nicht diese verengte Linse – „Ist das alles wirklich ganz genauso passiert?" – Gegenstand der meisten Predigten, die wir gehört haben? Diese Linse ist aber nur Abbild unserer eigenen Epoche und jeweiligen Kultur und kann ebendiese Kultur nicht wirklich infrage stellen. Diese Linse neigt dazu, die derzeitigen Vorurteile des individuellen und kollektiven Egos einfach zu spiegeln und kann sie von daher nicht verändern. Ich muss wohl oder übel zugeben, dass eine *kulturell-gesellschaftlich gebundene* Verkündigung die generelle Norm ist. Das ist vermutlich auch der Hauptgrund dafür, dass unsere säkulare Gesellschaft Leute nicht sehr ernst nimmt, die ununterbrochen die Bibel zitieren, und dass Christen keine wirklich alternative

Gesellschaftsordnung auf die Reihe kriegen. Die säkulare Welt geht inzwischen – zu Recht oder zu Unrecht – davon aus, dass Evangelikale aus den US-amerikanischen Südstaaten rassistisch und klassenbewusst sind, während Katholiken an der nördlichen Ostküste als verkopft und weltlich gelten, weil dies bisher ihre jeweilige Linie gewesen zu sein scheint. Sie werden jedenfalls beide nicht als objektive Zeitgenossen wahrgenommen und können von daher nur Gruppierungen bilden, die in der eigenen Blase abgekapselt sind, anstatt transformierte Menschen zu generieren. Wir verlieren unsere geistliche Vollmacht, wenn unsere Predigten ausschließlich innerhalb eines lokalisierbaren und definierten Spiegelsaals herumspringen.

Luther hat im 16. Jahrhundert versucht, einem übertrieben mythologisierenden Katholizismus ein gewisses Maß an kritischem Denken entgegenzusetzen, aber sein eigener Pendelausschlag, dem jede kritische Selbstreflexion abging, hat uns in eine Art Kaninchenbau verbannt, der unser Sichtfeld bis zum heutigen Tag ernsthaft limitiert. Wir nennen das inzwischen „Fundamentalismus". Das kritische Denken der Reformation war sicherlich ein notwendiges Stadium auf unserem gesamtchristlichen Reifungsprozess – aber wir können auf Dauer nicht in oppositionellem Denken verharren. Wir müssen gemeinsam voranschreiten zu mystischen, nicht-dualen und versöhnungsstiftenden Denkfiguren. Die Überreaktion, die schließlich den Fundamentalismus hervorgebracht hat, hat schon bald eine gleich starke Gegenreaktion in Gang gesetzt, die man Rationalismus nennt. In diesem Argumentationsrahmen sind wir derzeit noch immer gefangen. Es muss einige gute Alternativen und Nuancierungen geben als Gegenprogramm zu dieser falschen und fatalen dualistischen Spalterei zwischen einem unkritischen Fundamentalismus und einem überkritischen Rationalismus.

LÄSTIGE TEXTE

Problematische Geschichten ziehen uns oft in umfassende Dilemmata hinein, erfüllen uns mit Unzufriedenheit und treiben uns voran in Richtung einer dritten und besseren Alternative.

Wenn jede biblische Geschichte den Sack mit einer hübschen und einleuchtenden Lektion zubinden würde wie *Grimms Märchen,* würde sie ihre Aufgabe als spiritueller Text nicht erfüllen. Indirektheit und Asymmetrie scheinen der Art und Weise zu entsprechen, wie die Bibel und die meisten Geschichtenerzähler lehren! Eine solche Lehrweise bringt genau die Probleme auf den Punkt, die nach einer besseren Antwort verlangen. Das Problem wird in der hoffnungsvollen Lösung einerseits aufrechterhalten und andererseits irgendwie in sie integriert. Auf diese Weise formulieren Mythenschöpfer in aller Welt ihre Lehre.

Zeig mir eine gute Geschichte, die keinen Schurken, kein Problem und keine haarsträubende Untat enthält! Das Problem besteht darin, dass Fundamentalisten oft eine rückwärtsgewandte Gestalt oder längst überholte Geschichte dazu benutzen, die eigene Rückständigkeit zu rechtfertigen. Die Bibeltexte werden nicht als Anreiz genutzt, um vorwärtszuschreiten, indem wir den Konflikt durchstehen und dadurch wachsen und reifen, sondern als subtile Gewähr dafür, dass wir bleiben können, wie wir sind. „Saul und David haben ihre Feinde umgebracht, also muss das o. K. sein." „Sklaverei wird in fast der gesamten Bibel als selbstverständlich vorausgesetzt, also kann sie nicht völlig verkehrt sein."

Die Anzahl von gewalttätigen, dualistischen, imperialistischen, sexistischen, den eigenen Clan verherrlichenden, patriarchalen, homophoben, völlig widersprüchlichen und ganz und gar zeitgebundenen Texten in der Bibel ist einfach zu groß, als dass man sie einfach übergehen, bestreiten oder rundum eliminieren könnte. Wenn nun jemand solch eine Bibel als „unfehlbar" bezeichnet, sprechen die meisten modernen oder postmodernen Zeitgenossen solch einem Redner jede Glaubwürdigkeit oder Ernsthaftigkeit ab.

Gute Schriftauslegung wird nicht von der Linse der Vernunft begrenzt, aber das bedeutet auch nicht, dass sie irrational ist. Es gibt die kindlich naive Linse des Prärationalen, den informierten Intellekt des Erwachsenen und die sehr hoch entwickelte Linse des Transrationalen, des Symbolischen und des Mystischen. Letztere ist unsere Weitwinkellinse und unser Fernrohr, die die Grundlage unserer biblischen Hermeneutik darstellen. Wir brauchen jedoch alle drei. Das Prärationale würde ich mit dem ewig unerkennbaren Wirken des Schöpfers in Verbindung bringen, das Rationale mit dem sichtbaren Wirken Christi und das Transrationale mit dem alles durchdringenden Wirken des Heiligen Geistes.

Ohne solch eine Weitwinkellinse bringen wir Menschen hervor, die vor allem mit Argumenten daherkommen (was heutzutage geradezu der Markenname des Christentums ist), anstelle von Friedensstiftern, Heilern und Gestaltern, die etwas Positives aufbauen. Tatsächlich gehen ja viele so weit zu sagen: „In der Bibel findet sich so wenig inspirierende spirituelle Anleitung!", oder man fragt: „Warum brauchen wir dieses ganze Zeug über Kriege, Mord, Vergewaltigung, Horrorkönige, Betrug und all die Geschichten von derart unreifen Gestalten als Bettlektüre?" Die Bibel scheint auf den ersten Blick vor allem jüdische Geschichte und Polemik zu sein und wenig inspirierend, wenn man von den Psalmen, einigen ausgewählten Geschichten und einem Großteil der Evangelien absieht – aber selbst die entstammen ja einer gänzlich anderen

Kultur, deren Grundregeln und Prämissen wir nicht wirklich kennen.

Ein ernsthafter und kluger Gottsucher hat mich einmal gefragt: „Warum gibt es nicht einfach ein kleines Büchlein mit einem Titel wie *Sieben Verhaltensweisen für hochgradig heilige Leute?* Dieses Bibelbuch strotzt einfach zu sehr von wenig inspirierenden, verwirrenden, grausamen und widersprüchlichen Texten." Ich kann verstehen, weshalb ein vernünftiger Zeitgenosse so etwas fragt. Und doch wird die Bibel nicht einfach verschwinden. Und sie zerrt uns in die Niederungen von Blut und Gedärm eines echten, tatsächlichen Lebens hinab. Könnte am Ende genau dies ein wesentlicher Aspekt ihrer Absicht sein? (Im Übrigen sind Andersgläubige mit ähnlichen Problemen im Koran, den Upanischaden, in den vielen Legenden über Buddha und in den mündlich tradierten Aussagen der meisten indigenen Religionen konfrontiert. Sie alle können völlig für eigene egozentrische Zwecke missbraucht werden. Wir stecken alle gemeinsam in diesem Dilemma.) Gibt es da irgendeinen Ausweg?

Ich meine tatsächlich, dass Gott uns im Johannesevangelium einen wunderbaren Ausweg aus diesem verkopften Wortwulst gezeigt hat, wenn es dort heißt: „Und das Wort wurde *Fleisch* und lebte unter uns“ (1,14). Wir Christen nennen dieses Ereignis die Inkarnation („Fleischwerdung“, „Manifestation“, „Menschwerdung“ oder „Epiphanie“ funktionieren ebenso). Das beinhaltet, dass sich Gott von Anfang an auf die materielle Wirklichkeit eingelassen hat (siehe Epheser 1,3–14) und sich demzufolge die Göttlichkeit in unserem physischen Universum sowohl verbirgt als auch offenbart. Paulus bringt es direkt auf den Punkt: *„Seit der Erschaffung der Welt sind Gottes Werke ein sichtbarer Hinweis auf den unsichtbaren Gott, auf die ewige göttliche Macht und auf Gottes Wesen, so dass die Vernunft keine Ausrede hat“* (siehe Römer 1,20). Diese Worte untergraben und korrigieren die absolute und autonome Autorität der Bibel – und zwar von innen heraus! Sie verankern spirituelle Weisheit von Anfang an in der Natur, in der Schöpfung und kommen insofern allen späteren heiligen

Schriften zuvor, die in der letzten Nanosekunde der geologischen Zeit verfasst wurden.

Ich nenne dies den Universalen Christus[11], und es handelt sich dabei um die Grundprämisse meiner biblischen Hermeneutik: Die materielle Wirklichkeit, die Natur, geht allen verbalen Aussagen über spirituelle Zusammenhänge voraus und erdet sie. Wir müssen die Realität auf kontemplative Weise *wahrnehmen*, bevor wir damit beginnen, das in Worte zu fassen, was wir zu sehen meinen. Alle Verbalisierungen sind per Definition abgeleitete Metaphern und niemals Primärrede oder Primärsicht. Eine gute Definition kontemplativer Wahrnehmung ist „ein langer, liebevoller Blick auf das, was ist"[12]. Diese überaus simple Erklärung ist noch immer schwer zu schlagen.

Ich war kürzlich auf einer Vortragsreise, die mich in viele mittelalterliche Kirchen in

---

11 Rohr, Richard, *Alles trägt den einen Namen: Die Wiederentdeckung des universalen Christus*, Gütersloh 2019 (The Universal Christ: How a Forgotten Reality Can Change Everything We See, Hope For, and Believe, London 2019)

12 William McNamara, zitiert von Walter J. Burghardt, *Contemplation: A Long, Loving Look at the Real,* in: Church, Nr. 5 (Winter 1989), S. 14–17

Deutschland und Mitteleuropa geführt hat. Man sagte mir, dass es auf den mittelalterlichen Skulpturen und Gemälden von der Ankündigung der Geburt Jesu (wie zum Beispiel dem Engelsgruß des Veit Stoß in der Nürnberger Lorenzkirche) üblich war, dass Maria in just dem Augenblick ein Buch aus den Händen gleitet, als Gabriel verkündet: „Du wirst in deinem Leib empfangen" (siehe Lukas 1,32). Bald nahm ich dieses fast unbemerkte und oft übersehene Muster in der deutschen Kirchenkunst ständig wahr. Sobald wir die physische Inkarnation erleben oder die persönliche Erfahrung machen, fällt das Verbale in seiner absoluten Bedeutung und Zentralität einfach weg. Sobald Gott gleichsam „in unserem Leibe empfangen" worden ist, werden alle äußeren Hinweise sekundär und in gewisser Weise auch unnötig. Das muss einfach so sein!

Lasst uns unsere Hermeneutik nach dieser langen Hinführung nunmehr auf eine noch praktischere und spezifischere Ebene versetzen. Ich möchte einige Hinweise anbieten, die vielleicht helfen können, eine jeweils eigene spirituelle Form von Bibellektüre zu entwickeln.

WAS DIE BIBEL **NICHT** SAGT

Es gibt nur eine einzige unfehlbare Weise, die Wahrheit mitzuteilen.

Das lehrt uns klar und direkt die Tatsache, dass uns die Bibel in den Evangelien *vier* Berichte derselben Ereignisse überliefert, die in der Regel erheblich voneinander abweichen, mitunter sogar in wesentlichen Punkten. Welche Darstellung der Worte Jesu beim letzten Abendmahl beispielsweise ist die richtige/offizielle? Welche Geschichte über die Heilung von Leprakranken ist falsch, und bei welcher handelt es sich um echten Journalismus?

Wir brauchen „die tatsächlichen Worte" Jesu – und anderer.

Das gesamte Neue Testament wurde auf Griechisch verfasst. Es gibt keinerlei Hinweis darauf, dass Jesus Griechisch konnte oder gesprochen hat. Wir wissen einfach nicht, was er wortwörtlich gesagt hat, abgesehen vielleicht von den wenigen Malen, bei denen er mit einer aramäischen Redewendung zitiert wird.

Wären die exakten Worte so wichtig, dann wäre Jesus vermutlich im Zeitalter von Audio- und Videoaufnahmen zur Welt gekommen. Aber er – und die gesamte Bibel – gingen das Risiko ein, dass die Botschaft Gottes durch die Launen mündlicher Tradition, durch Wiederholung und durch ein mit Vorurteilen durchwachsenes Gedächtnis erinnert und überliefert werden würde.

Die biblischen Worte kommen ohne Vermittlung durch menschliche Schreiber, menschliche Irrtümer und menschliche Begrenztheiten in die Welt.

Paulus sagt frank und frei: „Unser jetziges Wissen ist unvollkommenes Stückwerk" (siehe 1. Korinther 13,12). Später sagt Petrus über Paulus: „In all seinen Briefen gibt es Stellen, die schwer zu verstehen sind, und genau dies sind die Passagen, die ungebildete und unausgeglichene Leute genauso verdrehen, wie sie die gesamte Schrift verdrehen" (siehe 2. Petrus 3,16). Man könnte das als interne Kurskorrektur bezeichnen.

Und dann sind da noch die Manuskripte selbst. Wir finden bereits in den ältesten bekannten Manuskripten Streichungen oder „Korrekturen". Warum sollten wir so tun wollen, als sei die Bibel fertig produziert vom Himmel gefallen und in einem wasserdicht verschließbaren Beutel gelandet?

Man kann die Bibel als isolierte Texte außerhalb irgendeines entsprechenden Kontexts verstehen.

Versuchen wir es einmal mit folgendem aufschlussreichen Text (es gibt viele andere): „Alle Kreter sind Lügner, gefährliche Bestien und faul. Auf diese Behauptung könnt ihr euch verlassen“ (siehe Titus 1,12.13). Handelt es sich hier um einen inspirierten Text – sogar in seinem ursprünglichen Kontext? Dieser Ansatz, in der Bibel „schriftliche Beweise“ zu suchen, der uns erlaubt, eine einzige Stelle zu finden, die fast alles beweisen oder illustrieren kann, ist inzwischen universal in Verruf geraten. Man hat nachgewiesen, dass uns solch ein Ansatz zu einigen sehr gefährlichen und problematischen Schlussfolgerungen führen kann.

Die Bibel ist anders inspiriert als irgendetwas anderes, was Gott inspiriert.

Die Bibel folgt dem universalen Muster göttlicher Inspiration. Sie entstand, vergleichbar der Evolution und den Epochen des Kosmos und der Planeten, nach und nach: durch viele Stadien von Niederschrift, Redaktion, Neuordnung, Edition und Kompilierung. Wie ich bereits weiter oben ausgeführt habe, entwickelten sich die vier Urquellen des Pentateuch – Jahwist, Elohist, Deuteronomist und Priesterschrift – in ganz unterschiedlichen Perioden der Geschichte. Was wir als das Buch Genesis (1. Buch Mose) kennen, wurde vermutlich nicht früher als im Jahre 500 vor Christus vollendet. Wir aber haben ständig versucht, einen ganz und gar dynamischen Gott im Rahmen einer extrem statischen Vorstellung von Zeit und Geschichte zu verstehen.

Wir wissen auch, dass jüdische, katholische und protestantische Abstimmungsgremien lange gestritten haben und sich im Blick auf den konkreten Inhalt des Bibelkanons ganz und gar nicht einig waren. Deswegen sprechen wir bis heute von den „Apokryphen", den „deuterokanonischen Schriften" oder dem "Sekundärkanon". Die meisten Leute arbeiten tatsächlich so mit der Bibel, dass sie einigen Büchern mehr Autorität zubilligen als anderen (dem Johannesevangelium beispielsweise gegenüber den Büchern Josua und Richter, den Briefen des Paulus an die Korinther gegenüber dem Buch der Offenbarung). Natürlich können wir so etwas nicht öffentlich sagen – obwohl ich soeben gerade das getan habe. Gott ist damit sicherlich eine Menge von unnötigen Risiken eingegangen. Vielleicht wäre ja so ein himmlischer wasserdichter Beutel doch eine gute Idee gewesen.

All das Gesagte macht die Bibel zu einem uninspirierten und nicht vertrauenswürdigen Text.

Anstatt zu solch einem Fazit zu kommen, schlage ich vor, dass wir unser Verständnis davon modifizieren, wie Gott irgendetwas *in-spiriert* (vom Lateinischen „einhauchen“) – angefangen vom geschaffenen Universum, über das niedergeschriebene Wort, über den Leib Christi bis zu Brot und Wein und zu unseren eigenen Körpern. All dies basiert immer auf Glaubenseinsicht und auf einer sym-biotischen Beziehung zwischen der Person, die etwas wahrnimmt, und *jener Bedeutung, die er oder sie zu sehen gewillt und befähigt ist.* Inspirierte Menschen werden beinahe von Natur aus Inspiration in einem Text oder in einer Geschichte erspüren. Blockierte oder doppelzüngige Charaktere werden einen Text ausschließlich ausnutzen oder manipulieren, wie spirituell er auch sein mag. Die Bibel erfordert keine akademische Gelehrsamkeit, aber sie ist in der Tat gefährlich in den Köpfen von Leuten, die nicht im Gleichgewicht sind oder die von irgendeiner versteckten Agenda angetrieben werden.

Alle sichtbaren oder hörbaren Worte sind Teil und Ausdruck einer inneren „Landschaft", die keinen Glauben erfordert und die zu nichts anderem einlädt als zu Resonanz oder Teilhabe. *Ein wahrhaft spiritueller Text kann gleichzeitig sowohl einen tief greifenden inneren Widerhall auslösen als auch eine sehr kindlich-naive Reaktion, und beides muss einander nicht widersprechen. Vermutlich brauchen sie sogar einander.* Gott zwingt uns den Geist niemals auf. Der Heilige Geist lädt dazu ein, weiterzugehen, er macht uns weicher, er wärmt und er überwindet unnötige Dualismen. Niemals verschärft er dualistische Spaltungen durch Wut, vorschnelle Urteile oder Mangel an Verständnis. Die Bibel vermag nicht zu zwingen, und sie wird auch nie in der Lage sein zu beweisen, dass sie inspiriert ist. Inspiration ist ein gemeinsames und verzahntes Ereignis, eine symbiotische Beziehung, die wir oft *Glaube* nennen und mitunter *Präsenz*. Inspirierte Menschen vermögen am besten, inspirierte Texte zu lesen – und sie dabei inspiriert und inspirierend zu lassen! Uninspirierte Leute saugen buchstäblich aus allem die Luft heraus. Wer das ausschließlich für eine meiner gefährlichen Ideen hält, lese

1. Korinther 2,14–16[13] und wird merken, dass es auch die gefährliche Idee eines Paulus ist. Ich könnte noch hinzufügen, dass es das ist, was wir „Kontemplation 101" nennen: *Der oder die Sehende bestimmt, was gesehen werden kann oder nicht.*[14]

13 „Wer den Geist Gottes nicht hat, nimmt die Dinge nicht an, die von Gottes Geist kommen, sondern hält sie für Unsinn. Er kann sie nicht verstehen, weil sie ausschließlich durch den Geist erschlossen werden. Wer den Geist hat, beurteilt alles, aber er fällt unter kein menschliches Urteil … Wir aber haben den Geist und den Sinn Christi."

14 *Kontemplation 101* ist die Bereitschaft, Ja zu sagen zum Geist und zuzulassen, was sich ereignet. Man verzichtet darauf, allzu schnell einzuordnen, zu etikettieren oder Dinge als gut oder schlecht zu bewerten. Es geht darum zu lernen, wie man den Raum gleichsam offen hält.

WIESO HABEN CHRISTEN TEXTE OHNE KONTEXT AUSGELEGT?

Das Problem begann, so scheint mir, als wir versucht haben, Jesus zu verstehen, ohne zu verstehen oder wertzuschätzen, dass er sowohl jüdisch als auch Mensch war. Wir haben ihn seiner eigenen Lebenswirklichkeit entrissen und zu einer einzigartigen und einmaligen Anomalie hochstilisiert, die anzubeten und zu preisen war. Jedweder Kontext wurde überflüssig und lenkte nur ab. Er wurde als der archetypische Christus präsentiert, als übergeschichtlich und jenseits des inkarnierten historischen Jesus. Aber sein Umfeld war die hebräische Kultur seiner spezifischen Zeit und seines Lebensraums. Sie stellte die Arena zur Verfügung, in der sich Jesus bewegt hat, in der er etwas aufgebaut hat, in der er reagiert und korrigiert hat. Ein Nichtjude Jesus ist einfach nicht Jesus. Ein Nichtmensch Jesus ist einfach nicht Jesus. Wenn seine Göttlichkeit sein vollständiges Menschsein aussticht, haben wir keine authentische Manifestation und Botschaft mehr; wir haben einen Text ohne Kontext, eine Seele ohne Verkörperung – und insofern kein in der Tiefe verwurzeltes und geerdetes Evangelium.

Nach dem Jahr 313 wurde die Botschaft Jesu sowohl im Osten als auch im Westen zunehmend mit dem römischen Imperium kompatibel gemacht. Auf vielfache Weise wurden er und seine Botschaft fast vollständig vereinnahmt, um eine funktionsfähige opportune Staatsreligion zu etablieren und um die Vereinigung von Staat und Kirche zu forcieren. Da gab es keinen Platz für kritisches Denken, für den eindeutig gewaltfreien Ansatz Jesu und oftmals nicht einmal für spirituelles Denken. Wir haben eine einheitliche Gottesfigur gebraucht und geschaffen, die man anbeten musste, anstatt uns von einem gott-menschlichen Lehrer inspirieren zu lassen, der uns aufrief, *ihm nachzufolgen und ihn nachzuahmen*. Seine sehr konkrete und pointierte Lehre, in der Text und Kontext klar aufeinander bezogen sind, so wie wir sie in der Bergpredigt finden, wurde de facto in den kirchlichen Dokumenten immer weniger zitiert. Diese Botschaft des Evangeliums ist bei Weitem zu eindeutig und zu kritisch gegenüber unserer gesellschaftlichen Vergötzung von Krieg, der Akkumulation von

„Schätzen“, der Notwendigkeit, Freund und Feind zu unterscheiden, und gar gegenüber derart spezifischen Verhaltensweisen wie der Eidesleistung (Matthäus 5,34), worauf alle falschen Loyalitätssysteme angewiesen sind. Die acht Seligpreisungen (Matthäus 5,3–10), die jeder angemaßten Macht gegenüber kritisch sind, wurden weitgehend zugunsten der Zehn Gebote ignoriert, die uns die nötige Gesellschaftsordnung boten. Die Seligpreisungen mit ihrem Weinen, ihrer Sehnsucht, ihrer Armut und ihrem Erdulden von Verfolgung machen fast *Mut zur Unordnung. Gesellschaften, die nach Wachstum und Aufschwung streben,* bringen wenig Sinn, Wertschätzung oder auch nur Verständnis für so etwas auf.

Wir haben darüber hinaus Christus aus dem ewigen Liebesfluss und Tanz der Trinität herausgelöst und ihn zu einem einsamen männlichen Monarchen stilisiert und in dieser Gestalt in fast allen Sprachen und in der gesamten Kunst bis in unsere Zeit hinein dargestellt. Demzufolge haben wir die Gottesbeziehung weniger als Kreis und als Ausfluss eines gemeinsamen Lebens verstanden, sondern eher als eine Pyramide feudaler Herrschaft. Gehorsam und Loyalität waren die höchsten Tugenden, nicht aber Liebe und Mitgefühl – die Kreuzzüge, die Inquisition, die Scheiterhaufen und die Verdammungen und Drohungen, die den Abschluss der meisten kirchlichen Konzilien bis zum Zweiten Vatikanum zu markieren pflegten, legen ein beredtes Zeugnis davon ab. Kontrolle von oben nach unten und Uniformität waren die Norm, sogar in vielen der späteren protestantischen Gruppen, weil dies die einzige Weise war, in der man damals zu denken vermochte. Wir haben bis vor 100 Jahren Einheit letztlich ständig mit Uniformität verwechselt, und selbst jetzt noch erreicht der Unterschied nur sehr langsam die Köpfe.

Schließlich und endlich war in den ersten 1500 Jahren des Christentums, bis zur Erfindung der Druckerpresse, die niedergeschriebene Botschaft für über fünfundneunzig Prozent der Christen gar nicht zugänglich, da die meisten von ihnen weder lesen noch schreiben konnten. Aber sobald das geschriebene Wort leicht zu bekommen war, haben wir uns in diese Texte verliebt und dabei nicht bemerkt, dass wir keinen geeigneten Kontext hatten – abgesehen von dem eigenen –, in dem wir die Texte hätten interpretieren können. In der Kunst wurde sogar die Heilige Familie als Gruppe holländischer oder italienischer Bürger ihrer jeweiligen historischen Epoche dargestellt. Wir haben Jesus in unseren jeweils eigenen Kontext verpflanzt, was zwar im Sinne aktueller Inkarnation genial und gut war, aber nicht für eine kritische Reflexion in Bezug auf konkrete Orte und Situationen. Folglich hatten wir weder einen Kontext noch authentische Texte, sondern einen Mischmasch von Vereinnahmung und kulturellem Narzissmus.

WER WAREN DIE INTERPRETEN?

Seinerzeit und letztlich bis in die letzten Dekaden hinein waren die typischen Bibelausleger in überwältigendem Maße akademisch gebildete Männer, häufig formell zölibatär, Aufsteiger in eine höhere Gesellschaftsklasse und darauf trainiert, eine organisierte Form von Christentum zu vermitteln und aufrechtzuerhalten, wovon ihre Jobs abhingen. Oftmals pflegten sie eher einen Lebensstil der Oberklasse und bewegten sich irgendwo zwischen dem Adel und der bäuerlichen Bevölkerung. Sie waren im Abendland vielleicht die ersten Angehörigen einer „oberen Mittelschicht". (Diese Kultur, die wir „Klerikalismus" nennen, ist es, die seinerzeit Franz von Assisi umzugestalten versuchte – und heutzutage Papst Franziskus.) Aber weil wir die jüdischen Propheten nicht gelesen haben, abgesehen von ihrer „Vorhersage" des Kommens Jesu, haben wir gar nicht gemerkt, dass die Dauerobjekte ihres heiligen Zorns und ihrer Urteile zwei Spezialgruppen sind – die Fürsten und die Priester. Standesdünkel, Patriarchat, Klerikalismus und jeder Versuch, ein privilegiertes Publikum zu bedienen, wird in der Bibel in der Regel als hochgradig gefährlich erachtet. Die meisten der Propheten scheinen nach unserem Verständnis des Begriffs „Laien" gewesen zu sein und keine ausgebildeten Experten.

Der Blick aus Sicht der Landbevölkerung und der Unterdrückten, der in den Lebensvollzügen und in den Gleichnissen Jesu durchgängig auftaucht (von denen viele die soziale Spannung und den Kontrast zwischen Landbesitzern und

Landarbeitern thematisieren), ging weitgehend verloren. Der soziokulturelle Kontext der versklavten und später kolonialisierten Hebräer, die kritische Stimme der jüdischen Propheten, die Handwerkerberufe der zwölf Jünger und Paulus' Tätigkeit als Zeltmacher wurden in fast allen Gesellschaften von einer breit angelegten Verbrüderung mit der vorherrschenden Geisteshaltung in Sachen Geld, Krieg und Macht ersetzt. Die radikale Lebensstil-Botschaft Jesu ergibt auf dieser Ebene keinen Sinn mehr, sondern ganz im Gegenteil: Sie klingt eher subversiv.

So haben wir das Christentum zu einer Fast-Food-Religion domestiziert, die letztendlich keine echte Veränderung von Herz, Sinn und gesellschaftlicher Stellung nötig gemacht hat. Bibelstellen wie: „Wenn ihr euch nicht neu ausrichtet und wie Kinder werdet, werdet ihr nie und nimmer das Reich Gottes betreten" (Matthäus 18,3) haben jetzt kein bisschen Sinn mehr gemacht. Das sprichwörtliche „Nadelöhr", das in allen drei synoptischen Evangelien auftaucht (Markus 10,25; Matthäus 19,4 und Lukas 18,25), wurde nunmehr irgendwo anders lokalisiert und war für jemand anderen gemeint. Wir hingegen beschlossen, dass wir gleichzeitig Gott und dem Mammon dienen könnten, unabhängig davon, was Jesus zu dem Thema gesagt hat.

DIE JESUS-HERMENEUTIK

Nach alledem – und selbst wenn du nur teilweise mit dem bisher Gesagten einverstanden bist – kann ich nunmehr darlegen, was ich für eine Art und Weise der Schriftauslegung halte, die gleichzeitig vom Glauben getragen, häufig erstaunlich inspirierend und zugleich selbstkritisch ist (weil ohne gesunde Selbstkritik alles zum Götzendienst wird). Diese Interpretationsweise ist auch „Otto Normalverbraucher“ zugänglich. Sie setzt nur ein gewisses Maß an gutem Willen voraus und das, was ich weiter oben „gesunden geistlichen Menschenverstand“ genannt habe.

Ich verspreche, dass dies alles andere als ein elitärer, akademischer oder lehrbuchmäßiger Zugang zur Bibel ist. Auf einen unverblümtnaiven Punkt gebracht lautet er in einer Zeile zusammengefasst:

Gehen wir mit der Bibel so um, wie es Jesus gemacht hat!

Wenn sich das so anhört, als würde ich damit rein gar nichts sagen, erinnere ich daran, dass es genau das ist, was wir in unserer christlichen Geschichte größtenteils *nicht* gemacht haben! (Das sage ich trotz eines in den meisten Kirchen verbreiteten Aphorismus, wenn sie vollmundig behaupten: „Wir verstehen das Alte Testament im Licht Jesu.") Tatsächlich nämlich haben wir weitgehend das Muster und den Stil ignoriert, wie Jesus mit den eigenen jüdischen Schriften umgegangen ist. Wir haben zwar etliche seiner Einzeiler zitiert, dabei aber selten seine Sicht der Welt und seine Prämissen übernommen oder erkannt, worum es ihm ziemlich eindeutig geht. Wenn wir seine Auslegungsweise beobachten, dann könnten wir sogar sagen, dass Jesus fast spielerisch mit der einzigen Bibel umging, die er kannte – der hebräischen. Jesus war alles andere als fundamentalistisch und gesetzestreu. Das zu zeigen ist nicht schwierig; es ist vielmehr selbstverschuldete Ignoranz, wenn wir das noch immer nicht sehen.

Solch fortwährende Frechheit ist mit Sicherheit eine der Ursachen, warum er von den Priestern, Schriftgelehrten und Gesetzeslehrern umgebracht wurde. Nachdem er einen Kranken geheilt hatte, sagte Jesus zu denen, die seinerzeit ständig die Bibel im Mund geführt haben: „Ihr brütet über den Schriften und meint, in ihnen hättet ihr das Leben; aber jetzt steht das Leben selbst vor euch und ihr erkennt es nicht!" (Johannes 5,39). Anstatt mit den eigenen Augen die offenkundig guten Früchte einer Heilung zu erkennen, haben sie ununterbrochen Vorwände konstruiert (in der Regel das Arbeiten am Sabbat oder ein anmaßendes Handeln wie Gott), um Jesus zu hassen und abzulehnen – der sich aber ganz und gar mit Gott identifiziert (siehe Johannes 5,18f und 10,30–38). Jesus hat keine Scheu, sich selbst Gottes „Sohn" zu nennen oder nennen zu lassen. Aber wir haben ihn diesbezüglich nicht wirklich nachgeahmt. Stattdessen *haben wir Jesus zu einem exklusiven Kind Gottes gemacht, anstatt zu einem Modell, das uns alle als*

Söhne und Töchter mit einschließt – was, wie ich glaube, seine eigentliche Pointe war!

Jesus ignoriert weitgehend das Verbot, am Sabbat zu arbeiten. Wir sehen, wie er ziemlich regelmäßig am Sabbat Kornähren pflückt oder Menschen berührt und an ihnen wirkt, fast so, als wolle er dieses überzogene Gesetz und seine von Menschen gemachten Ausführungsbestimmungen provozieren und anprangern. Aber inzwischen wissen wir, dass jede schon vorher vorhandene Ablehnung einer Person immer ihre Rechtfertigung finden wird. Jesus zufolge erschaffen unsere Augen, was sie sehen wollen, und sehen nicht, was sie nicht sehen wollen (zum Beispiel Matthäus 7,1–5). Jesus lehrte klar und deutlich, wie Verleugnung, Verdrängung und Reaktionskontrolle funktionieren, und das schon 2000 Jahre vor Freud, der meinte, er sei der Erste, der diese gängigen Abwehrmechanismen entdeckt hätte! Dieses Muster zeigt sich zum Beispiel überwältigend und mit trauriger Klarheit in den Verteilungskämpfen der heutigen US-amerikanischen Parteipolitik.

Man wollte einen Jesus haben, der für „Orthodoxie" und den *richtigen Inhalt* steht (der dann angeordnet und dessen Annahme erzwungen werden könnte), aber wir haben dabei Blick und Sinn für seinen *spezifischen Prozess* verloren, *der uns ans Ziel bringt*: wofür er mit seinem Leben einstand; seine Erkenntnis, wie Gesellschaftsordnung, Ökonomie und Klasse Plätze sind, wo man sich verstecken kann; seine klare Einsicht in die Verstellungsstrategien des menschlichen Schattens. All dies ist für das Ego natürlich wesentlich bedrohlicher; deswegen haben wir uns darauf verlegt, uns auf die gängigen „heißen Sünden" zu fixieren, wodurch außerdem andere Menschen leichter beschämt und beherrscht werden konnten. Schon bald haben wir Jesus zum Hoflieferanten für private Belohnungen und Bestrafungen gemacht, und das alles innerhalb des Rahmens einer ausschließlich vergeltungsorientierten Sicht von Gerechtigkeit – die ihrerseits praktischerweise bis zum Leben nach dem Tod aufgeschoben wurde. Der Aufschub dieser Belohnungen und Strafen hielt uns von gründlicher Selbsterkenntnis und schlichter Selbstbeobachtung fern. Ich bin überzeugt, dass Jesus zeigt, wie sich Lohn und Strafe im Hier und Jetzt ereignen. Güte belohnt sich selbst, das Böse bestraft sich selbst. Wir Menschen scheinen das Nullsummenspiel von Lohn und Strafe vorzuziehen, bei dem unser „Lohn" die Gewissheit ist, dass jemand anders bestraft wird – oder dass wir der eigenen Strafe entrinnen. Das schafft ganz und gar keine Menschen, die wahre Größe besitzen oder liebesfähig sind.

DIE ANDEREN VORLIEBEN JESU

Ich möchte versuchen, die weitgehend verborgenen Prämissen der Jesus-Hermeneutik zu zeigen, die ihn zu einem wahrhaft tollkühnen Umgang mit heiligen Texten geführt haben. Hier sind einige von ihnen:

- Im Rahmen dessen, was in den vier Evangelien festgehalten ist, *zitiert Jesus die Schrift nicht besonders häufig*! Man kritisiert ihn ja geradezu dafür, dass er es nicht tut: „Du lehrst mit (innerer) Vollmacht und nicht so wie unsere Schriftgelehrten" (siehe Markus 1,22).

- *Jesus redet viel häufiger aufgrund seiner eigenen*

Erfahrung mit Gott und mit Menschen, anstatt so zu lehren wie die Schriftgelehrten und Pharisäer, die aufgrund von *Kasualgesetzen* argumentierten, indem sie frühere Quellen zitieren. Es ist erstaunlich, dass uns in den meisten Kirchen nicht wirklich gestattet wird, es Jesus gleichzutun. Dies jedenfalls ist es vermutlich, womit er beim damaligen religiösen Establishment so angeeckt und als gefährlich eingestuft worden ist.

- Jesus benutzt häufig *Quellen, die nicht jüdisch oder kanonisch zu sein scheinen*, oder zumindest Quellen, die wir nicht verifizieren können. Zum Beispiel: „Nicht die Gesunden brauchen den Arzt, sondern die Kranken" (Markus 2,17; Matthäus 9,12 und Lukas 5,31), oder das Gleichnis vom reichen Mann und dem armen Lazarus (Lukas 16,19–31). Die Bandbreite dessen, was für ihn Gewicht hat und was er wahrnimmt, ist viel umfassender als *Sola Scriptura*. Einige Quellen zitiert er anscheinend sogar falsch (z. B. Johannes 10,34)!

- Jesus selbst hat *nichts geschrieben, was ihn überdauert hätte*. Anscheinend wollte er nicht, dass wir uns auf exakte Formulierungen stürzen und stützen. Er kannte die Gefahr und die Gesetzlichkeit von Leuten, die sich „nach dem Buch" richten. (Auch Franziskus wollte aus demselben Grund für uns Franziskaner keine Regel verfassen, aber Rom hat ihn gezwungen, es zu tun.)

- *Neunzehn der Bücher seiner eigenen Heiligen Schrift zitiert Jesus kein einziges Mal.* Er scheint sich tatsächlich auf einige wenige Favoriten zu beschränken: Exodus, Deuteronomium, Jesaja, Hosea und die Psalmen – und die finden sich vorwiegend im Matthäusevangelium, das sich an ein jüdisches Publikum richtet. Er zitiert die eigene Bibel selten bei Markus, Lukas und Johannes, was darauf hinzudeuten scheint, dass diese Autoren wussten, welche anerkannten Autoritäten man in einem bestimmten Umfeld zitieren muss, um eine spezifische Leserschaft zu erreichen.

- Jesus *ignoriert anscheinend den größten Teil seiner eigenen Bibel, und doch hat sie eindeutig sein gesamtes Bewusstsein geprägt.* Das ist das Paradox. Wenn wir näher betrachten, was er ignoriert, dann sind es alle Passagen, die Gewalt,

Imperialismus, Exklusion, Reinheits- und Speisevorschriften – wovon es viele gab – zu legitimieren scheinen. Das sind auch all die Stellen, die wir so gerne zitieren! Jesus ist sozusagen ein *von der Bibel geprägter Bibel-Nichtzitierer*, der den Tiefenstrom, den Geist und die Zielrichtung seiner jüdischen Geschichte erfasst hat und sich niemals mit Lesarten begnügt, die nur an der Oberfläche dahindümpeln.

- Als er ein einziges Mal das Buch Levitikus (3. Buch Mose) zitiert, zitiert er die einzige positive Aufforderung inmitten langer Listen von lauter Verboten: „Du musst deinen Nachbarn so lieben wie dich selbst" (Levitikus 19,18). Aber wir Narren zitieren all die anderen Bestimmungen, wenn sie uns Munition für unser jeweiliges Anliegen liefern können.

- Er *ist ganz offen mit der Schrift über Kreuz, sobald sie Unwesentliches und „bloße Menschensatzungen" hervorhebt*, die es irgendwie geschafft haben, einen Weg in die Auflistung angeblich göttlicher Gebote zu finden (siehe Markus 7,1–23 und fast das gesamte Kapitel Matthäus 23).

- Er nimmt *permanent und in aller Öffentlichkeit angeblich heilige Tabus aufs Korn* wie das Arbeitsverbot am Sabbat, die Vermeidung von Berührung mit Frauen, das allgemein verpönte Essen mit Sündern und Nicht-Juden, die Kontaktvermeidung mit Aussätzigen und alle Reinheitsregeln ganz allgemein. Er wird gebrandmarkt und verurteilt, weil er rituelle Waschungen ebenso ignoriert wie Tabus im Blick auf das Anfassen von Toten, „unreinen" Personen und unerlaubten Speisen, und er widersetzt sich der Steinigung von Ehebrecherinnen. Dazu kommen zahllose kleinere Verpflichtungen, die uns heutzutage albern vorkommen und die doch nachweislich in der Schrift buchstäblich gefordert werden. Jesus hat einen gesunden jüdischen Menschenverstand, aber kann niemals als gesetzlich oder „konservativ" bezeichnet werden. Er wird ja auch tatsächlich beschuldigt, Liberalist und Nicht-Asket zu sein, anstatt den strengen Fastenregeln des Täufers Johannes und seiner Jünger zu folgen (siehe Matthäus 9,14). Man hasst ihn auch, weil er die Hände nicht gründlich genug wäscht, was ein verbindliches religiöses Ritual war (siehe beispielsweise Lukas 11,38).

- Jesus *ist derart grob vereinfachend und naiv, dass er die 613 eindeutigen Ge- und Verbote der Bibel gerade einmal auf zwei reduziert*: Gottesliebe und Nächstenliebe (siehe Matthäus 22,34–40). Hätte ich in der Art und Weise Jesu mit meinen Seminarlehrern und frühen Beichtvätern gesprochen, hätte man mir vorgeworfen, Reduktionist, Relativist oder Situationsethiker zu sein – was in der Tat ultrakonservative Katholiken bis heute tun.

- Er *relativiert Gebote oder ersetzt sie sogar*, wenn er beispielsweise dem „reichen Jüngling" sagt, es sei ja schön und gut, dass er den Zehn Geboten gehorsam gewesen ist, aber dass das, was wirklich für ihn notwendig sei, darin besteht, alles zu verkaufen und das Geld den Armen zu geben (siehe Markus 10,21). Aus welcher Weltsicht stammte das? Aber selbst dann kritisiert er den jungen Mann nicht, als der dazu nicht fähig ist. Er *„sieht ihn direkt an und liebt ihn"*! Wie konnten wir nur genau das übersehen, wonach wir uns alle so sehnen?

- Er *lässt Verse, mit denen er nicht d'accord geht, einfach aus*, wenn er beispielsweise bei seinem ersten Auftritt in der Synagoge von Nazareth den letzten Halbvers der Jesajarolle ignoriert (Lukas 4,18–19). Und um die Pointe wirklich zu unterstreichen, „rollte er die Schriftrolle zusammen, gab sie dem Synagogendiener zurück und setzte sich hin". Wir können vor unserem geistigen Auge sehen, wie ihn die Leute angestarrt haben müssen, nachdem er anscheinend die Bibel den eigenen Bedürfnissen angepasst hatte. Sie alle wissen, dass die letzte Zeile, Jesaja 61,2b lautet: „… um einen Tag der *Rache* unseres Gottes zu verkündigen". Er aber endet mit Vers 2a, der „den *Gnadentag* Gottes verkündet". Da haben wir ihn wieder, wie er anscheinend so leichtsinnig mit dem heiligen Text umgeht! Gute Evangelikale würden so etwas „selektives Zitieren" nennen und fromme Katholiken würden von „Kaffeehaus-Katholizismus" reden!

- Jesus *benutzt die Bibel tatsächlich auf ziemlich abgefahrene Art und Weise, um Menschen beizustehen*, wenn er zum Beispiel sagt, dass David in den Tempel eingedrungen ist und die Opferbrote mitgenommen hat, um seine Truppen zu speisen (Markus 2,26), oder wenn er den armen Kerl verteidigt, der am Sabbat arbeitet, um seinen Esel aus der Grube zu ziehen (Lukas 14,5). Sein Grundprinzip scheint er in dem berühmten Ausspruch auf den Punkt zu bringen: „Der Sabbat wurde für den Menschen gemacht und nicht der Mensch für den Sabbat" (siehe z. B. Matthäus 2,27). Das klingt verdächtig nach dem, was heutzutage viele Christen „puren Humanismus" nennen würden! Hier ist sie wieder, diese brandgefährliche „Situationsethik"!

- Er *nimmt sich die Freiheit, das Gesetz neu auszulegen* – wenn er beispielsweise in der Bergpredigt gleich sechsmal hintereinander sagt: „Das Gesetz sagt ... ich aber sage euch" (Matthäus 5,21–48). Der einzige Grund, weshalb uns diese Vorgehensweise vermutlich nicht sonderlich stört, liegt in der Tatsache, dass er sie auf *jüdische* Gebote anwendet. Was wäre, wenn er dieselben Kriterien bei *christlichen* Praktiken, Sakramenten oder moralischen Standpunkten ins Spiel brächte? Wir wären wesentlich schockierter.

- Er *erweitert seine Gruppe ständig in Richtung auf noch größere Inklusivität*. Weit über 60 Prozent der Jesusgeschichten machen Außenseiter zu den Heldinnen und Helden der Erzählung, während gleichzeitig Insider kritisiert werden! Man denke als Beispiel nur an die besonders augenfällige Geschichte vom Barmherzigen Samariter (siehe Lukas 10,25–37).

- Er *formuliert neue und sehr eingängige Aphorismen, die sich zuvor nicht in der Bibel finden*, wie: „Ich bin nicht für die Gerechten gekommen, sondern für die Sünder" oder: „Die Gesunden brauchen keinen Arzt, aber die Kranken" (Markus 2,17, Matthäus 9,12 und Lukas 5,31). Gerade sie offenbaren häufig seine bahnbrechenden Schlüsselideen. Bibelgelehrte sind sich nicht sicher, ob diese Aussprüche unmittelbar auf ihn zurückgehen oder ob er andere Quellen zitiert; aber er hatte auf jeden Fall die Freiheit, Weisheit auch außerhalb des biblischen Kanons seiner Zeit zu finden. Evangelikale würden so etwas vermutlich säkularen Humanismus oder „bloße Psychologie" nennen.

- *Einige seiner Argumente überstehen keinen Faktencheck*, was für Leute, die es lieben, Argumente zu zerpflücken, eindeutig dafür sprechen sollte, dass dies gerade nicht der springende Punkt ist! Beispielsweise nennt er in Matthäus 13,32 das Senfkorn den kleinsten aller Samen und den Senfstrauch den größten aller Büsche, was in beiden Fällen den Fakten nicht einmal nahekommt. Kann man die Bibel noch immer irrtumslos nennen, wenn Jesus fehlerhafte Beispiele benutzt, um geistliche Pointen zu platzieren?

- Obwohl ich ihm zustimme, gebe ich zu, dass er *den Bogen tatsächlich extrem anspannt, wenn er Psalm 82,6* zitiert, um zu behaupten, dass „ihr alle Götter seid". Er tut dies, um sich gegen die Blasphemie-Anklagen religiöser Führer zu wehren (siehe Johannes 10,34). Nur wenige theologische Lehrer der Gegenwart würden behaupten, dass diese elastische Deutung der ursprünglichen Intention von Psalm 82 entspräche, und die meisten Gläubigen würden das als eine gefährliche Sentenz aus dem Lager des New-Age bezeichnen. Aber es wird Jesus in den Mund gelegt, und ich meine zu verstehen, worauf er damit hinauswill.

- Man kann mit Fug und Recht sagen, dass Jesus *die*

eigene Bibel dazu benutzt, eine radikale Botschaft von Inklusion, Barmherzigkeit und Gerechtigkeit zu formulieren und zugleich die vorherrschenden Botschaften der Exklusion, der religiösen Selbstgerechtigkeit und der Verachtung und Unterdrückung der Underdogs, der Unreinen und der Sünder zu konterkarieren. Das kann man aufgrund des biblischen Zeugnisses nur schwer leugnen, aber Christen werden immer wieder die Worte Jesu in den Wind schlagen und irgendwelche Stellen im Alten Testament finden, um ihre Anliegen – die Notwendigkeit von Gewalt, die Exkommunizierung bestimmter Leute oder die Rechtfertigung einer rächenden Gerechtigkeit – geltend zu machen. Wenn sich Religion mit der herrschenden Kultur verbindet, dann gewinnt in neun von zehn Fällen die Kultur! Das kann man gern als Norm nehmen! Viele unserer heutigen „Kulturkriege" verstecken sich hinter Religion und picken dafür bestimmte Bibelstellen heraus, während sie in Wirklichkeit auf Geld, Krieg und Macht bauen. Jesus wird benutzt, damit sich das Ego fast perfekt tarnen kann – sogar sich selbst gegenüber.

- Jesus *geht eindeutig davon aus, dass das „Schwergewicht des Gesetzes" auf „Gerechtigkeit, Barmherzigkeit und Treue" liegt* (siehe Matthäus 23,23), und viele vergleichbare Aussagen lassen darauf schließen, dass er durchaus eine Wertehierarchie hatte. Papst Franziskus hat betont, dass Barmherzigkeit ganz oben auf der christlichen Skala rangiert! Nicht alle Bibelstellen hatten in den Augen Jesu dasselbe Gewicht, was für viele Fundamentalisten einen großen blinden Fleck markiert, die wenig oder keine Übung darin haben, geistlich zu unterscheiden. Jesus lehrt, dass man das Gute nur „an seinen Früchten" erkennen kann (siehe Lukas 6,43–45) und nicht an der nackten Tat an und für sich. Paulus schließlich zählt diese Früchte auf und benennt sie: „Liebe, Freude, Friede, Geduld, Freundlichkeit, Verlässlichkeit, Sanftmut und Selbstbeherrschung" (siehe Galater 5,22–23). Das ist fast zu simpel und ein Gemeinplatz, zumindest für jemanden, der oder die die Realität mit Körper, Verstand und Geist wahrnimmt und nicht allein mit dem Intellekt.

- Jesus *bestraft niemals oder stellt irgendwelche Menschen bloß, die Fehler machen*; er wirft sie vielmehr auf ihr eigenes Gewissen zurück und fordert sie auf, für die eigenen Taten Verantwortung zu übernehmen – wie beispielsweise die Frau, die beim Ehebruch ertappt worden ist (siehe Johannes 8,11). Die einzigen Sünder, über die er sich in aller Öffentlichkeit echauffiert, sind diejenigen, die von sich selbst behaupten, *keine* Sünder zu sein. Das wird jeder Faktencheck bestätigen! Jesus schließt nur die aus, die andere ausschließen, und er verurteilt nur die, die andere verurteilen! Dazu lese man beispielsweise fast das gesamte Kapitel Matthäus 23.

WIE ALSO SOLLTE MAN DIE BIBEL BENUTZEN?

Auf das Risiko hin, dass ich vereinfache, aber in der Absicht, meine Leserschaft und die vielen Menschen zu unterstützen, die nicht in den Genuss einer handfesten akademischen biblischen Bildung gekommen sind (und das sind bei Weitem die meisten!), möchte ich folgende geistliche Hinweise anbieten, mit deren Hilfe man die Bibel womöglich ähnlich auslegen kann, wie es

Jesus getan hat, und die dazu beitragen können, die Heilige Schrift sinnvoll und fruchtbringend zu nutzen:

- Bitte den Heiligen Geist um innere Leitung, bevor du dich an die Auslegung eines wichtigen Textes machst. Unabhängig davon, ob du eher zu konservativen oder zu liberalen Überzeugungen neigst, wird das *deine egozentrischen Bedürfnisse minimieren*, den Text nur das sagen zu lassen, was deinen Wünschen und Bedürfnissen entgegenkommt. Bete so lange, bis du zu jener inneren Geistesfreiheit und Gelöstheit gelangst.

- Sobald du tatsächlich einen gewissen Grad von intellektueller und emotionaler Freiheit erreicht hast, versuche, deinem Ego und seinen Zielen, Bedürfnissen und Wünschen gegenüber *eine distanzierte Position einzunehmen*. Das mag einige Zeit beanspruchen, aber ohne solch eine Freiheit gegenüber deinen Kontrollbedürfnissen wirst du unweigerlich einen Text nur das sagen lassen, was du selber zu brauchen scheinst und was du willst.

- Dann musst du *auf eine Stimme lauschen, die tiefer ist als deine eigene*. Du erkennst sie daran, dass sie dich niemals anklagt oder in Furcht und Schrecken versetzt, sondern dich eher aufbaut und ermutigt, *selbst wenn sie dich konfrontiert und herausfordert*. Wenn es sich um Gottes Stimme handelt, wird sie deine Illusionen und Gewaltfantasien so gründlich und völlig natürlich beseitigen, dass du solche vormaligen Gefühle kaum noch nachvollziehen kannst! Ich nenne das „Gottes Ersatztherapie". *Gott fordert und erwartet von dir nicht, dass du irgendetwas Neues tust, bevor er dir solch ein Handeln nicht zuvor schmackhaft und erstrebenswert gemacht hat*. Die Gnade kann nicht leicht unter Zwang, Druck, Scham oder Schuldgefühlen tätig werden. Bitte vertrau mir diesbezüglich!

- Wenn die Auslegung dein Wahres Selbst dazu führt, eine Frucht oder mehrere Früchte des Geistes zu erleben, wie sie im Galaterbrief, Kapitel 5,22–23 aufgelistet sind – Liebe, Freude, Friede, Geduld, Freundlichkeit, Güte, Vertrauen, Sanftmut und Selbstbeherrschung –, kannst du meines Erachtens darauf vertrauen, dass diese

Auslegung vom Geist herrührt und jenem tieferen Weisheitsstrom entstammt. *Du kannst dem vertrauen, selbst wenn es dazu führt, dass du rein formell einen Fehler begehst*. Mit einer solchen Art von gutem Willen wirst du den Fehler schließlich als solchen erkennen – und sogar diese Erfahrung wird dich der Einswerdung mit Gott näherbringen.

- Wenn du irgendwelche negativen oder strafenden Emotionen spürst, wie etwa eine aufgesetzte und verbissene Fröhlichkeit, Überlegenheitsgefühle, Selbstzufriedenheit, eine arrogante dualistische Selbstsicherheit, Rachegelüste, das Bedürfnis zu siegen oder irgendeinen Geist der Ablehnung oder Ausgrenzung, dann musst du mir glauben, dass in so einem Fall *nicht* die Jesushermeneutik am Werk ist, sondern dass es noch immer du selbst bist, der das Schiff steuert. Achte insbesondere auf subtile Emotionen der Rechthaberei, also darauf, wann du auf Gefühle wie „Ich habe recht" und „du liegst falsch" zurückgreifst. Deine Auslegung mag intellektuell solide sein – aber sie wird durch diese deine unkeusche Verwendung kontaminiert. *Christliche Tugend ist immer eine stimmige Kombination von Handeln und Absicht und insofern eher eine Kunstform als eine Wissenschaft*. Genau deshalb sorgt eine gesetzliche und nur regelgehorsame moralische Einstellung normalerweise dafür, dass du ziemlich an der Oberfläche kleben bleibst.

- Erinnere dich schließlich an die Versuchung Jesu in der Wüste (z. B. Matthäus 4,3–10). Dort werden drei Versuchungen aufgeführt, die alle auf den Missbrauch von Macht zielen – ökonomisch, religiös und politisch. Selbst Jesus muss diesen subtilen Täuschungen ins Auge sehen, bevor er öffentlich aufzutreten beginnt. Das ist eine Warnung an uns alle. Unsere egoistischen Machtgelüste geben nicht so leicht den Geist auf.

Das wirklich Böse hat auf der einen oder anderen Ebene immer und ausnahmslos auch etwas „Gutes“, weshalb es Machthaber und Teufel immer geschafft haben, Menschen ohne Urteilsvermögen zum Narren zu halten. Es ist genau dieses partiell Gute und partiell Schlechte, was dem Ego erlaubt, immer den Sieg davonzutragen, weil es nur jenen Teil wahrnimmt, der dem eigenen Vorteil dient und von daher das Ganze als „total gut" empfindet. Demzufolge erachtest du das Argument, das deine Zwecke am schlagkräftigsten unterstützt, als „gut", und das Argument, das deine Absichten konterkariert, als „schlecht".

Nur das gedemütigte Ego durchschaut diesen falschen Dualismus und wählt das wirklich Gute – selbst, wenn es auch ein paar Schattenseiten hat. Echte Heilige haben keine Angst davor, auch eine gewisse Menge von Schattenmaterial mit sich herumzuschleppen (wir alle tun das ja ohnehin ständig), aber Puristen fantasieren, sie selbst könnten sich über und jenseits jeder Art von Komplizenschaft mit dem Bösen positionieren. Es ist „die Zinne des Tempels in der Heiligen Stadt" und „der hohe Berg, von dem aus Jesus alle Reiche dieser Welt überblicken konnte" (Matthäus 4,5.8), wo sich die beiden letzten Versuchungen ereignen. Hüte dich vor solchen Orten! Stattdessen kehre ich immer wieder zu einem Zitat des Heiligen Franziskus zurück, das an der Wand meiner Einsiedelei hängt. Er sagt etwas höchst Gefährliches und doch so Wichtiges: „Wir müssen geduldig tragen, dass wir nicht gut sind … und auch nicht *für gut gehalten werden*!" Das ist starker Tobak! Nur Thérèse von Lisieux (1873–1897) sagt dasselbe so klar und deutlich: „Wenn du bereit bist, heiter die Herausforderung zu ertragen, dass du dir selbst nicht gefällst, wirst du für Jesus eine angenehme Wohnstatt sein." Das ist das Zeugnis zweier äußerst freier Menschen.

Man beachte ferner, dass die zweite – und religiöse – Versuchung den Satan die Bibel zitieren lässt, noch dazu folgende fromme und tröstliche Passage: „Er wird seinen Engeln den Auftrag geben, dich auf ihren Flügeln zu tragen, sodass dein Fuß an keinen Stein stößt" (Psalm 91,11f). Warum sollte jemand solch einen wunderbaren und ermutigenden Bibelvers infrage stellen? Dennoch sagt Jesus de facto: „Spiel mit Gott keine Spiele!" (Matthäus 4,7). Er bringt das auf den Punkt, was später T. S. Eliot (1888–1965) in seinem Drama „Mord im Dom" ähnlich lapidar ausdrückt: „Die letzte Versuchung ist der größte Verrat: Das Richtige tun, aber aus den falschen Gründen."

Nur weil du die Bibel benutzt, und sei es auf eine Weise, die Gott „groß" macht, heißt das noch lange nicht, dass du die Bibel für das Leben und die Liebe, für Wachstum und Weisheit nutzt – und wirklich um Gottes oder um anderer Menschen willen. Viele der entsetzlichsten Völkermorde und Gräueltaten in der Geschichte wurden von Bibelzitaten im Munde selbstsüchtiger und angstbesetzter Leute legitimiert. Exzessives Gerede von Gott und permanente Bibelzitate sind das beste Versteck für narzisstische Persönlichkeiten. Manchmal kommt es mir tatsächlich so vor, als wimmelte es in den Kirchen, die in ihrer Verkündigung und Musik unaufhörlich die „Größe Gottes" beschwören, von solchen Gruppierungen und Individuen, die mehr als alles andere die eigene Größe erstreben. Ich bezweifle, dass Gott darauf angewiesen ist, dass wir ständig betonen, wie groß Gott ist, so wie es der Satan Jesus gegenüber versucht. Ja, Religion ist das Beste, was es gibt auf der Welt, und gleichzeitig ist sie das Schlimmste – und dasselbe gilt für die Heilige Schrift.

> Die Korrumpierung des Besten ist immer das Schlechteste.

Nur Menschen, die es nicht nötig haben, mächtig zu sein, können mit geistlicher Vollmacht umgehen.

Nur der Liebe kann man die Wahrheit anvertrauen.

VERWENDETE UND WEITERFÜHRENDE LITERATUR

Bell, Rob, *Die Bibel – faszinierend, einzigartig und voller Geheimnisse. Warum dieses uralte Buch heute noch so relevant ist*, Aßlar 2018

Cardenal, Ernesto, *Das Evangelium der Bauern von Solentiname*, Wuppertal 1991

Craig A. Evans, „The Scriptures of Jesus and His Earliest Followers", in: Lee Martin McDonald und James A. Sanders (Hg.), *The Canon Debate: On The Origins and Formation of the Bible*, Peabody, MA 2002

von Celano, Thomas, *Leben und Wunder des heiligen Franziskus von Assisi*, Kevelaer 2001

Dickinson, Emily Elizabeth, *Sämtliche Gedichte*; zweisprachig, München 2015

Drewermann, Eugen, *Tiefenpsychologie und Exegese*, Bd. 1 und 2, Olten 1990

Ebert, Andreas, *Schwarzes Feuer – Weißes Feuer. Mein Glaubensbekenntnis*, München 2018

Eliot, T. S., *Mord im Dom*, Frankfurt 1968

Frank, Helmut/Aldebert, Ulrike/Ebert, Andreas u.a., *Die dunklen Kapitel der Bibel. Schwierige Stellen in neuem Licht*, München 2002

Grün, Anselm, *Die Bibel verstehen. Hinführung zum Buch der Bücher*, Freiburg 2010

ders.: *Der kleine Bibelcoach. Eine Lese-Anleitung zum Buch der Bücher*, Münsterschwarzach 2019

Luz, Ulrich, *Theologische Hermeneutik des Neuen Testaments*, Neukirchen 2014

Oberthür, Rainer, *Das Buch vom Anfang von allem. Bibel, Naturwissenschaft und das Geheimnis des Universums*, München 2015

Oeming, Manfred, *Biblische Hermeneutik. Eine Einführung*, Darmstadt 2013

Palmer, Parker J. *On the Brink of Everything: Grace, Gravity, and Getting Old*, Oakland, CA 2018

Pitzele, Peter/Lorenz, Frank, *Die Brunnen unserer Väter. Midraschim und Bibliologe über Bereschit – Genesis,* Stuttgart 2012

Pohl-Patalong, Uta, *Bibliolog. Impulse für Gottesdienst, Gemeinde und Schule,* 3 Bände, Stuttgart 2012 bis 2019

Rohr, Richard, *Alles trägt den Einen Namen. Die Wiederentdeckung des universalen Christus,* Gütersloh 2019 (The Universal Christ: How a Forgotten Reality Can Change Everything We See, Hope For, and Believe, London 2019)

ders.: *Das entfesselte Buch. Eine Einführung in die Bibel – Altes und Neues Testament,* Freiburg 2003 (The Great Themes of Scripture, Cincinnati, Ohio 1987)

ders.: *Werde, der du wirklich bist,* Freiburg 2017 (Immortal Diamond: The Search for Our True Self, San Francisco 2013)

ders.: *Ins Herz geschrieben. Die Weisheit der Bibel als spiritueller Weg,* Freiburg 2014 (Things Hidden. Scripture as Spirituality, Cincinnati, Ohio 2008) ders.: *Bibelauslegung als Interaktion. Über die Grenzen historisch-kritischer Methoden*, Stuttgart 1982

Rohr, Richard /Ebert, Andreas, *Das Enneagramm. Die neun Gesichter der Seele*, München 1989ff.

Thérèse von Lisieux, *Selbstbiographische Schriften*, Freiburg 2003.

Weinreb, Friedrich, *Schöpfung im Wort. Die Struktur der Bibel in jüdischer Überlieferung*, Zürich 2013

ders.: *Zahl Zeichen Wort. Das symbolische Universum der Bibelsprache*, Zürich 2011

Wink, Walter, *Bibelarbeit. Ein Praxisbuch für Theologen und Laien*, Stuttgart 1982

Zimmer, Siegfried, *Schadet die Bibelwissenschaft dem Glauben? Klärung eines Konflikts*, Göttingen 2018